LETTRE A UN PAIR DE FRANCE.

LE NORMANT FILS, IMPRIMEUR DU ROI,
RUE DE SEINE, n° 8, F. S. G.

LETTRE

ADRESSÉE

A UN PAIR DE FRANCE,

RELATIVEMENT

AU DROIT D'AINESSE

ET AU POUVOIR DE SUBSTITUER.

PARIS.

LE NORMANT FILS, IMPRIMEUR DU ROI,

RUE DE SEINE, N° 8, F. S. G.

18 MARS 1826.

LETTRE

ADRESSÉE

A UN PAIR DE FRANCE.

Monsieur le Comte,

Suivant les journaux, vous devez parler contre le droit d'aînesse et le pouvoir de substituer.

Permettez-moi de m'autoriser des anciens rapports de voisinage et de parenté qui existoient entre votre famille et la mienne, rapports que je cultiverois encore avec un plaisir tout particulier,

si les effets de la révolution sur ma fortune n'y
avoient pas mis obstacle en me privant des biens
de mes pères ; permettez-moi, dis-je, de m'autoriser de ces rapports pour vous soumettre les réflexions qui, selon moi, militent en faveur du
projet de loi que le gouvernement de Sa Majesté a
soumis à votre examen.

Avant d'entrer en matière, j'observerai que la
loi n'atteint ni les miens ni moi. Je n'ai, comme
vous le savez, que des filles, et je n'attends aucune
succession, de quelque part qu'elle vienne.

Je ne suis pas non plus un adorateur servile du
ministère. J'ai combattu ses doctrines depuis 1814,
parce qu'elles m'ont souvent semblé fausses ; aussi
s'est-il constamment opposé à ce que j'exerçasse ni
fonctions ni emploi.

Comme je suis indépendant et étranger à la question dont il s'agit, les réflexions que je me permets
de soumettre à votre examen doivent avoir quelque
poids.

Le pouvoir de doter d'un préciput les aînés de
famille n'est pas, comme chacun se l'imagine, un
pouvoir monstrueux, destructeur des liens de parenté. Il n'est pas aussi funeste que celui qui auto-
rise un père à disposer d'une partie de ses biens en
faveur de personnes étrangères à son nom ; car,
dépouiller le fils pour investir l'étranger, c'est dis-
soudre totalement les liens de la nature, c'est provoquer la cupidité de l'ambitieux souple et insi-

nuant, c'est l'autoriser à s'introduire dans le cœur paternel pour y détruire les sentimens de tendresse, quelque profondément gravés qu'ils puissent être ; c'est enfin donner à l'immoralité la loi même pour égide. Ce pouvoir est cependant dans la loi actuelle, et personne ne réclame contre. On peut citer une foule de faits qui prouvent les fréquens abus auxquels son usage a donné lieu ; les tribunaux en fournissent des preuves assez nombreuses, sans celles qui n'ont pas été soumises à l'examen de la justice. Donc ce n'est pas l'immoralité qu'on repousse dans la loi nouvelle, c'est seulement l'aristocratie dont on la trouve trop fortement entachée. Vous ne pouvez adopter un tel motif de rejet : j'en appelle à vos lumières et à votre conscience.

On dit qu'elle porte atteinte au pouvoir paternel. Si le pouvoir dont on désire le retour est celui des Romains, ce pouvoir de vie et de mort que la loi leur attribuoit sur leurs enfans, il n'est plus dans nos mœurs. Si l'on veut un pouvoir réglé par les lois de la nature et non par le caprice ou de perfides insinuations, la loi que vous allez discuter ne lui portera aucune atteinte, mais elle pourra le fortifier. Sous la législation actuelle le fils de famille qui n'est pas touché des remontrances que l'auteur de ses jours peut lui faire, est également insensible aux menaces d'une exhérédation. Il sait que la loi, en lui attribuant une légitime, l'a rendu indépendant jusqu'au point qui suffit à ses désirs, car, pour l'étourdi, le libertin, le présent est tout, l'avenir n'est rien.

La loi nouvelle leur sera-t-elle plus favorable? Non, sans doute, puisque la faculté qu'elle attribue aux parens de substituer leurs biens aux générations non encore existantes, réduira ces enfans indociles à la simple condition d'usufruitier, et les forcera ainsi de conserver leur fortune à leurs descendans, au lieu de la détruire : donc elle fortifie le pouvoir paternel.

Cette loi est donc morale en ce sens.

Elle l'est encore en ce qu'elle recrée, dans l'âme des propriétaires fonciers, cet amour du sol qui les portera à bonifier le bien qu'ils tiendront de leurs aïeux, à en accroître l'étendue et l'importance, et à joindre les travaux d'embellissement à ceux d'utilité. Sous ce rapport, la loi nouvelle acquerra de l'importance avec le temps, puisque ces travaux, ces embellissemens seront de nouvelles valeurs dont l'Etat profitera.

La loi qui nous régit maintenant est trop fiscale pour qu'aucun propriétaire puisse se flatter de conserver à ses descendans l'héritage, berceau de sa famille. C'est à son existence qu'on doit la destruction des forêts, celle des châteaux et le goût de l'agiotage. On quitte des campagnes sans attraits pour le séjour corrupteur des villes *.

* Un tableau à la fin de cet écrit, rend ces vérités frappantes. Il suffi-

Qūatre cents ans et plus ont vu mes pères occuper la terre dont je porte le nom ; deux cent quatre-vingts ans les ont vus possesseurs de celle que j'habite encore. Des arbres de la plus grande beauté ont été le produit de cette succession de droits héréditaires. De ce que, dans le nombre des générations qui ont rempli cette période, il en est quelques unes qui n'ont joui de ces biens qu'à charge de substitution, conclura-t-on que ce mode de jouissance a nui au développement des produits de cette propriété, et en a rendu les possesseurs indolens? Je pourrois en appeler à votre témoignage, Monsieur, parce que vos ancêtres étoient voisins des miens, et que vous pourriez affirmer que nulle terre de la Beauce ne se présentoit sous une forme plus agréable. Les côtes les plus arides se couvroient de bois ; les habitans de la paroisse jouissoient d'une certaine aisance. Maintenant que ces biens sont divisés, le manouvrier manque d'occupation ; sa chaumière est mal entretenue, parce que les acquéreurs de mes dépouilles sont, pour la plupart, des bourgeois de ville, de riches particuliers qui ont affermé ce qui en étoit susceptible, et laissent dépérir les parties qui avoient besoin d'un entretien annuel pour ne pas se détériorer.

Je cite ces faits, non par amour-propre, mais

roit de trois générations pour isoler complètement un château des domaines qui en dépendoient.

parce que je puis en garantir l'exactitude, ayant passé sur les lieux il y a quelques mois.

Il ne faut donc pas admettre comme principe que les biens substitués et ceux dont la coutume assuroit la possession à l'aîné, à l'exclusion de ses cadets, étoient par cela seul mal soignés et mal entretenus. Pour qu'une comparaison de cette nature pût être possible et juste, il faudroit, 1° qu'elle portât sur des biens constamment habités par les propriétaires; 2° faire la part des efforts que la révolution a fait faire à l'industrie. Combien de personnes se sont livrées à l'agriculture pour échapper aux ennemis de leur nom et de leur fortune. C'étoit pour elles une sorte de déguisement que les malheurs du temps les obligeoit de prendre. Combien ont employé ce moyen pour se soustraire aux enrôlemens; d'autres ont voulu chercher dans le travail des champs des économies pour sauver leur fils de la conscription. Mais cet ordre de choses a eu son temps, et peu à peu ce génie producteur s'affoiblira. L'argent n'aura pas toujours cette rapidité de rotation qui lui a été procurée, tant par l'existence du papier monnoie, que par l'abondance du numéraire que nos armées avoient fait refluer dans l'intérieur.

On dit que la tendresse paternelle n'admet point d'inégalité de droits. Réduisons ces mots magiques à leur véritable valeur; commençons d'abord par remarquer que le Code actuel a consacré un prin-

cipe contraire, 1° dans la faculté de disposer entre-
vifs et par testament; 2° dans l'établissement des
majorats; 3° dans la création de dotations attachées
à certaines qualifications honorifiques

Si les deux derniers paragraphes semblent n'in-
téresser que les nobles anciens et nouveaux, le premier n'est pas limité à cette classe de citoyens; il
embrasse l'universalité des Français qui ont des
propriétés. Donc cette égalité n'a pas paru aux auteurs du Code tellement essentielle à l'ordre public,
qu'on ne dût jamais en altérer les effets; donc la
Charte qui a maintenu le Code n'est pas compro-
mise.

Voyons maintenant en quoi consiste cette égalité.
Faut-il judaïser au point de dire que l'égalité ins-
tituée par la loi seroit rompue s'il n'y avoit pas,
dans chaque lot, portion égale de chacun des objets
dont une succession se compose; si, par exemple,
entre deux enfans qui recueilleroient des bijoux,
soit bracelets ou boucles d'oreilles, chacun d'eux
ne retenoit pas pour lui un des bracelets ou une
des boucles d'oreilles? Si à ces bijoux on ajoutoit
un collier, faudroit-il le dépecer pour en faire également deux portions?

Il n'est personne qui ne réponde à ce que je dis
ici, que jamais on n'a conçu l'idée que l'égalité de
partage dût s'obtenir au moyen d'une détérioration, et que ce que je pose en question en seroit une
manifeste, puisque la division d'objets qui doivent

être réunis leur ôte toute leur valeur. Pourquoi ce qui paroît juste à l'égard de quelques bijoux ne le seroit-il pas lorsqu'il s'agit de biens impartageables ou qui ne peuvent se diviser sans une détérioration, ou sans en diminuer la valeur estimative et intrinsèque ? Cependant les pétitions qui affluent de toute part ne sauroient pas présenter d'autre idée, sinon elles sont sans but ; car si l'égalité qu'on réclame doit céder lorsque les objets sont impartageables sans dépréciation, que veut de plus la loi nouvelle ? Elle ne modifie le principe de celle existante, qu'autant que la nécessité l'exige ; elle veut éviter des licitations coûteuses qui diminuent, par les frais qu'elles occasionnent, la valeur réelle des successions ; elle veut opposer une digue à ces ventes mobilières qui détruisent les plus riches collections, sans enrichir les familles qui les effectuent ; elle a pour but de conserver les bois et futaies, d'arrêter le morcellement des propriétés, d'empêcher que, par des partages successifs, le domaine ne passe d'un côté, tandis que l'habitation reste seule ; elle veut que des châteaux puissent se relever, et assurer une retraite à la noblesse si déplacée au milieu des cités. Enfin elle seule arrêtera le goût des jouissances anticipées, et diminuera celui de l'agiotage. Elle est donc sage et nécessaire autant qu'elle est utile. Les objets substitués acquerront plus de valeur par leur conservation que par une circulation rapide qui n'est précieuse que pour le fisc. Les arts et l'industrie trouveront dans ce classement une ouverture à de nouveaux débouchés. Combien d'objets précieux sont passés à l'étranger par l'effet de nos lois sur les successions ? Combien d'objets étrangers n'ont pu y être introduits par suite des mêmes lois ! On auroit fait des sacrifices pour compléter des collections, si, comme en Angleterre, l'aîné avoit pu être établi conservateur pour sa famille.

On prétend que la loi va introduire la haine et les divisions dans les familles. Que nos ennemis le disent afin de semer la discorde parmi nous, je le concevrai facilement. Les discussions conviennent à leur politique ; mais que des Français soient les échos de ces dires malveillans, cela passe toute conception. Il faut, pour trouver le mot de cette énigme, se persuader que la loi ne reçoit un si mauvais accueil qu'en haine des auteurs du projet ; c'est eux qu'on cherche à atteindre, ou qu'on veut mortifier.

Vous, Monsieur, vous ne céderez pas à une telle influence ; de plus nobles sentimens vous animent ; la raison prouve que la loi proposée est nécessaire. Le langage de la raison est le seul que puisse entendre l'homme d'Etat ; près de lui les passions individuelles s'anéantissent entièrement.

Lorsque la loi proposée ne seroit propre qu'à restaurer nos futaies, ne seroit-ce pas assez pour qu'elle fût admise, même avec une sorte d'acclamation ?

Vous me direz peut-être, Monsieur, qu'elle se présente sous une forme incomplète, qu'elle paroît avoir pour but d'arrêter le morcellement des propriétés ; mais qu'elle auroit dû pour y parvenir avec une sorte d'équité, dont on auroit apprécié le mérite, admettre premièrement qu'à l'avenir les successions ne remonteroient plus dans la ligne ascendante, lorsqu'il y auroit des descendans, et que les enfans consanguins, et ceux utérins, ne confondroient pas leurs droits entre eux pour hériter d'un frère d'un lit différent. Je pense à cet égard, comme je présume que vous le faites, et je ne voudrois pas par exemple que Pierre qui s'est marié deux fois, qui a eu des enfans de ses deux épouses, héritât, avec les enfans de sa seconde femme, des biens qu'un des enfans du premier lit auroit recueillis dans la succession de sa mère. Que les enfans de chaque lit recueillent seuls ce qui provient de leur côté, et, s'il est des cas où la loi croie devoir favoriser les pères, qu'elle ne leur attribue qu'une portion usufruitière avec reversion à la souche : voilà la raison et la morale également satisfaites.

Le projet de loi n'est pas purement aristocratique, et c'est injustement qu'on le considère comme tel. Ainsi donc le cens de 300 fr. doit être admis ; l'élever au-dessus, comme on le propose, seroit diminuer ses avantages en privant la classe industrielle de pouvoir y participer, lorsque ses intérêts le lui feroient désirer.

La loi nouvelle n'altère en rien la faculté qu'ont les parens de compenser les droits de leurs cadets, avec ceux que leurs aînés seront appelés à recueillir. Pourquoi donc des cris aigus s'élèvent-ils de toute part? Ceux qui se présentent sur la brèche pour combattre et contre le Roi et contre la Chambre des Pairs, en préjugeant son opinion, ou cherchant à la contraindre à suivre la leur; ces gens, méticuleux en apparence, se considèrent-ils comme de simples usufruitiers obligés de transmettre à leurs enfans l'héritage qu'ils tiennent de leurs pères? Se condamnent-ils à l'économie pour accroître ce patrimoine? Non, ou s'il en est, le nombre en est infiniment petit. On aime ses enfans, on les aime également, dit-on ; mais on use et abuse comme s'ils n'existoient pas, on risque sa fortune dans des spéculations hasardeuses, on s'abandonne à toutes les jouissances de la vie, on contracte des dettes, et cela s'appelle aimer ses enfans et les aimer également. Voilà l'hypocrisie politique! et la loi qu'ils repoussent ne l'est que parce qu'ils craignent que l'héritier substitué ne devienne un obstacle au pouvoir d'abuser. O vous qui faites retentir les airs de vos réclamations; vous qui feignez de craindre que le désespoir ne désunisse vos enfans, veillez à leur future destinée, profitez de la prévoyance de la loi, de son esprit conservateur, prenez sur la dot de vos épouses en vous mariant, prenez sur vos économies, chaque année, une somme quelque médiocre qu'elle soit ; constituez ces valeurs à intérêt composé au profit de vos filles et de vos cadets avec reversion sur l'aîné en cas de décès de leur part avant d'avoir fait souche : c'est alors que vous pourrez vanter votre amour paternel ; c'est alors que vos accens seront écoutés, et qu'ils le seront avec plaisir, parce qu'ils ne seront plus ceux de la révolte contre l'autorité. Votre cœur pleinement satisfait connoîtra l'union et la concorde, et tous les sinistres présages que vous annoncez auront fui comme les feuilles quotidiennes qui s'en seront constituées les échos.

On prétend que le morcellement des propriétés est avantageux au peuple. Il n'est aucune personne impartiale qui ne puisse combattre cette assertion. Ce n'est pas autour de Paris qu'on peut juger cette question ; c'est loin de la capitale. Le propriétaire qui ne recueille pas au-delà des besoins de sa consommation ne peut rien économiser : il est à la merci des événemens, et une récolte mauvaise ou trop abondante sont pour lui deux fléaux qui l'arrièrent pour long-temps ; car, si la récolte est mauvaise, il faut qu'il vive d'emprunt pendant toute l'année suivante ; si elle est trop abondante, la vileté du prix ne l'indemnise pas des frais que cette abondance même a rendus plus considérables.

De même, si un propriétaire n'a que quelque peu d'excédant au-delà de sa consommation, il est rare qu'il puisse profiter de l'avantage de sa position ;

c'est le négociant qui s'enrichit à sa place, parce que lui seul forme des magasins de réserve. Jadis ces magasins se trouvoient naturellement dans les terres du clergé et de la noblesse, maintenant les gros propriétaires et les négocians sont les seuls qui puissent spéculer en ce genre ; donc la division des propriétés n'offre que des avantages locaux qui ne peuvent pas balancer les désavantages que ce mode d'administration a produits.

Vous, Monsieur, combien de fois n'avez-vous été à même de voir les vignerons de vos environs, abandonner leurs vignes et préférer de travailler à façon chez le bourgeois, parce que leur crédit étoit épuisé? Combien d'autres doivent au boucher, au marchand de farine, au tonnelier les avances que ceux-ci leur ont faites, et dont ils se récupèrent en enlevant le vin au sortir de la cuve, sur le pied qu'il devra valoir à la Saint-Martin; c'est-à-dire à l'époque où l'appréciation est tout en faveur du marchand ? Ainsi le désavantage du morcellement l'emporte incontestablement sur les avantages que les théoriciens s'en promettent.

Si des personnes de bonne foi vouloient d'autres preuves de mon assertion, je leur conseillerois de vérifier les registres des conservateurs des hypothèques ; elles se convaincroient que, prises en masse, il y a plus de charges grevant les petits propriétaires qu'il n'y en a sur les grands.

On a cru que les nobles étoient seuls intéressés

à l'admission de la nouvelle loi. Un journal a même cité une lettre qu'il attribue à un pair de France, qui exprime le vœu que tous les nobles fassent enregistrer leurs titres à la Chambre des Pairs, et qu'ils ne puissent user du bénéfice de la loi des substitutions et de la primogéniture qu'après avoir satisfait à cette formalité. On a été plus loin : on veut que ceux d'entre eux à qui cette loi paroîtroit injuste, se présentassent devant la même Chambre, et y impétrassent des lettres de roture. Lorsque des journaux émettent de semblables doctrines, on voit clairement que c'est la monarchie, et non le principe, qui les offusque. C'est la monarchie, puisque l'on propose d'élever au-dessus d'elle une autorité réformatrice de ses actes.

Je pourrois étendre davantage mes réflexions, notamment sur ce qui concerne l'historique du droit d'aînesse et de primogéniture, partie que l'Opposition a traitée avec assez d'étendue ; mais ce n'est pas le point essentiel de la discussion. Ce qu'il importe à connoître, ce sont les avantages qu'on peut espérer obtenir de la loi que la Chambre des Pairs soumet à son examen ; le point capital, c'est son effet infaillible sur les bois et forêts dont la destruction s'opère avec une rapidité effrayante, et qui ne peut être aucunement suppléée. Conservez les forêts en France, et vous ne manquerez pas d'électeurs ; et toutes les subtiles discussions des opposans demeureront sans force comme sans effet.

Il me semble que j'en ai dit assez pour prouver aux impartiaux que la loi présente des avantages qu'on ne refuse que faute de pouvoir les apprécier. Beaucoup de gens se laissent aller aux préventions; cependant l'expérience doit venir au secours de l'éducation, mais ce n'est que lorsque l'âge a mûri nos idées qu'elles acquièrent de la rectitude; c'est ce qui m'a fait présumer, Monsieur, que vous accepteriez mes observations, non comme fruit d'une supériorité de connoissances, mais comme résultat des lumières acquises par le nombre des années et les persécutions, deux puissans véhicules pour provoquer le développement des idées, et rectifier celles qui sont fausses.

Je suis,

de Votre Seigneurie,

MONSIEUR LE COMTE, etc.

TABLEAUX DE COMPARAISON.

La terre étant nouvellement bâtie, le château a été porté à une valeur un peu élevée.

Le prix du journal, mesure locale, étoit à l'époque de la mise en activité du Code actuel, de 800 fr.

Lors du partage on jugea que ce château représentoit 144 journaux de fonds

VALEUR ESTIMATIVE DE LA SUCCESSION

Le château, représentant 144 journaux de terre..   115,200 fr.
600 journaux de domaine à 800 fr. l'un..........   480,000

        Total de la succession........   595,200 fr.

PARTAGE ENTRE DEUX ENFANS.

Selon le Code.

(1er lot.)

Le château, valeur impro-
ductive, évalué........   115,200 f.
600 jx — 72 cédés au 2e lot
pour sa part dans l'habit.
528 divisé par 2 = 264..   211,200

    Total de ce lot....   326.400 f.

(2e lot.)

Avant part, 72 jx.........   57,600
Part, 264................   211,200

        268,800 f.

Revenu comparé.

(1er lot.)

Partie productive, 211,200
à 4 p o/o............   8,448

(2e lot)

268,800................   10,752

Selon la loi nouvelle.

(1er lot.)

Préciput 1/3 des biens.
  Savoir :
Château....   115,200 }
Terres.....   83,200 }   198,400 f.
1/2 du reste des biens....   198,400

    Total du 1er lot ...   396,800 f.

(2e lot.)..............   198,400

Revenu comparé.

(1er lot.)

Productif, 281,600.......   11,264

(2e lot.)

198,400..............   7,936

ENTRE TROIS ENFANS.

<table>
<tr><td colspan="2">Selon le Code.</td><td colspan="2">Loi nouvelle.</td></tr>
</table>

Selon le Code. — (1er lot.)

Le château	115,200 f.
Terres, déduction faite des 2/3 de la valeur du château	134,400
Total	**249,600 f.**

(2e lot.)

Pour le 1/3 du château en domaine	38,400
Part dans le surplus des terres	134,400
Total	**172,800 f.**

(3e lot.)

De même	172,800 f.

Revenu à 4 p. o/o.

(1er lot.)

Productif, donne	5,376
(2e lot.)	6,912
(3e lot.)	6,912

Loi nouvelle. — (1er lot.)

Préciput 1/4 des biens.

Savoir :		
Château....	115,200	
Terres.....	33,600	148,800 f.
Le 1/3 du reste		148,800
Total		**297,600 f.**

2e lot	148,800 f.
3e lot	148,800 f.

Revenu de chacun

1er	7,296
2e	5,952
3e	5,952

J'ai choisi un exemple sous mes yeux pour le partage entre deux héritiers.

Il est facile de voir qu'après deux ou trois partages le château ne peut plus rester debout.

Des observations de même nature existent au sujet des futaies. Le résultat en est le même.

Si des parens bien intentionnés constituoient, comme je l'ai proposé, au profit des filles et des cadets, le 5e de la dot de leurs épouses, ne répareroient-ils pas le tort qu'ils prétendent que la loi va leur faire? On sait ce que peut un placement par intérêt composé.

IIe TABLEAU.

D'après le cours du jour le journal sera évalué 1,200 fr.

Le château sera estimé, en raison des matériaux qu'il renferme, 42 journaux.

Il ne restoit en domaine, après le précédent partage, que 264 journ.

VALEUR ESTIMATIVE DE LA SUCCESSION.

Le château, prix de 42 journaux................. 50,400 ⎱ 367,200 fr.
264 journaux de domaine, à 1,200 fr. .... 316,800 ⎰

PARTAGE ENTRE DEUX ENFANS.

Selon le Code.	*Selon la Loi nouvelle.*
264 jx. — 21 pour les droits du cadet au château = 243.	Le préciput est 1/3 de la succession, Savoir :
(1er lot.)	Château .... 50,400 ⎱ 122,400 f.
Le château est évalué..... 50.400 f.	Domaine.... 72,000 ⎰
1/2 de 243 journaux...... 145,800	1/2 du reste............. 122,400
─────────	─────────
196,200	1er lot................. 244,800
	2e lot................. 122,400
(2e lot.)	─────────
Avant part, 21 journ. ... 25,200	Total de la succession.... 367,200
Domaine, 121 jx. 1/2.... 145,800	
─────────	
171,000	
	Revenu productif.
Revenu	1er lot.................. 7,776
du 1er lot............... 5,832	2e lot.................. 4,896
du 2e lot........ 6,840	─────────
	12,672

PARTAGE ENTRE TROIS ENFANS.

Selon le Code.			*Selon la Loi nouvelle.*	
(1er lot.)			1/4 préciput.	
			Savoir :	
Château.............	50,400 f.		Château	50,400
Domaine.............	94,400		Domaine............	41,400
	144,800			91,800
(2e lot.)			1/3 du reste...........	91,800
Avant part...........	16,800			183,600
Part.................	94,400		2e lot................	91,800
	111,200			
(3e lot, *idem.*)			3e lot................	91,800

Revenu.

1er lot................	3,776 f.	....	5,328 f.
2e lot................	4,448	....	3,672
3e lot................	4,448	....	3,672

J'ai entendu quelqu'un dire que, si les châteaux étoient onéreux, il ne falloit pas en avoir ; qu'il falloit n'avoir que des fermes ou des maisons de campagne.

Peut-on croire que de pareils raisonnemens trouvent des auditeurs bénévoles? Cela est cependant. On ne considère pas que ceux qui habitent les châteaux sont plus utiles à l'industrie que ceux qui n'habitent que des maisons d'exploitation. Celui-ci ne fournit que des matières brutes ; l'autre n'emploie que les matières qui ont été œuvrées.

Le propriétaire d'une maison de campagne est un producteur, dira-t-on ; il est donc plus utile qu'un seigneur châtelain. Autre erreur, découlant du faux principe de nos raisonnemens. Le producteur, qui pour ses délassemens, se procure une maison de campagne, est un homme économe par nécessité comme par devoir ; il consomme le moins possible, mais il a besoin que d'autres consomment pour lui. Si vous diminuez les causes de dépenses, vous diminuez celles de consommation, vous forcez l'industrie à cesser ou du moins à ralentir ses travaux. Pour fabriquer le brouet d'un Spartiate, l'art des Véry est inutile. Pour labourer son propre héritage, on n'a besoin que d'un drap fort et grossier ; la soie et les autres tissus légers sont inutiles

Détruisez tous les châteaux, attirez la noblesse dans les villes comme on le fait maintenant, et dans peu vous verrez la désorganisation la plus complète dans le système social. Le séjour de la campagne est le seul qui convienne à la noblesse. Dans les villes elle se corrompt, et ses principes s'altèrent.